hen
แม่ไก่
mae kai

rooster
ไก่ตัวผู้
kaituaphu

chick
ลูกไก่
lukkai

duckling
ลูกเป็ด
luk pet

turkey

ไก่งวง

kainguang

donkey

ลา

la

swan

หงส์

hong

frog

กบ

kop

racoon

แรคคูน

rae

bear

หมี

mi

squirrel

กระรอก

krarok

fly

แมลงวัน

malaengwan

ladybug

แมลงเต่าทอง

malaengtaothong

worm

หนอน

non

snail

หอยทาก

hoithak

slug

ทาก

thak

bee
ผึ้ง

phueng

spider
แมงมุม

maengmum

beetle
ด้วง

duang

dragonfly
แมลงปอ

malaengpo

lion
สิงโต
singto

zebra
ม้าลาย
malai

giraffe
ยีราฟ
yirap

rhinoceros
แรด
raet

snake

งู

ngu

mosquito

ยุง

yung

sea turtle

เต่าทะเล

taothale

hippopotamus

ฮิปโปโปเตมัส

hippopotemat

alligator

จระเข้

chorakhe

crocodile

จระเข้

chorakhe

shark

ปลาฉลาม

plachalam

walrus

วอลรัส

wonrat

penguin

เพนกวิน

phenkawin

polar bear

หมีขั้วโลก

mikhualok

seal

แมวน้ำ

maeonam

starfish

ปลาดาว

pladao

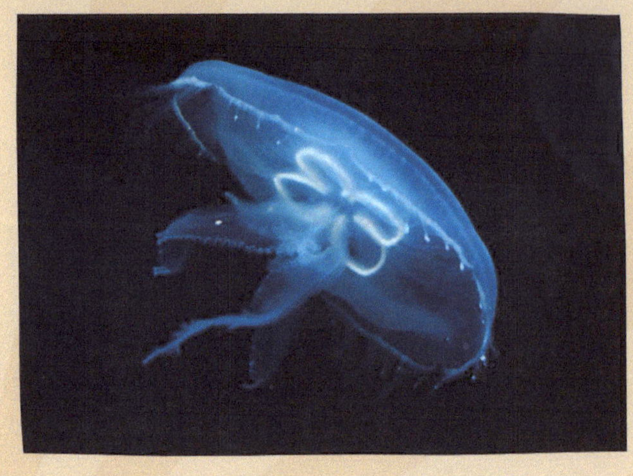

jellyfish

แมงกะพรุน

maengkaphrun

seashells

เปลือกหอย

plueakhoi

feather

ขนนก

khon nok

11
eleven
สิบเอ็ด
sip et

12
twelve
สิบสอง
sip song

13
thirteen
สิบสาม
sip sam

14
fourteen
สิบสี่
sip si

15

fifteen

สิบห้า

sip ha

16

sixteen

สิบหก

sip hok

17

seventeen

สิบเจ็ด

sip chet

18

eighteen

สิบแปด

sip paet

19

nineteen

สิบเก้า

sip kao

20

twenty

ยีสิบ

yi sip

heart
หัวใจ
huachai

oval
วงรี
wongri

arrow
ลูกศร
lukson

crescent
เสี้ยว
siao

curve
เส้นโค้ง
senkhong

spiral
เกลียว
kliao

cross
กากบาท
kakabat

zigzag
ซิกแซก
siksaek

rainbow

รุ้ง

rung

dark colors

สีเข้ม

si khem

light colors

สีอ่อน

si-on

dots
จุด
chut

line
เส้น
sen

short
เตี้ย
tia

tall
สูง
sung

 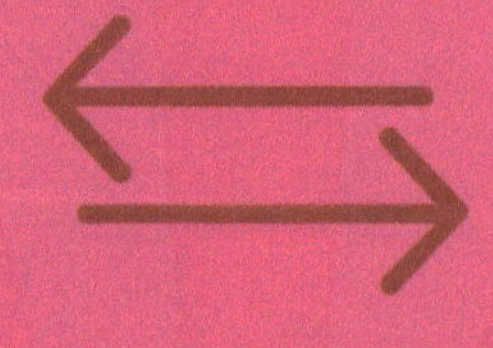 

a little
นิดหน่อย

nitnoi

a lot
มาก

mak

 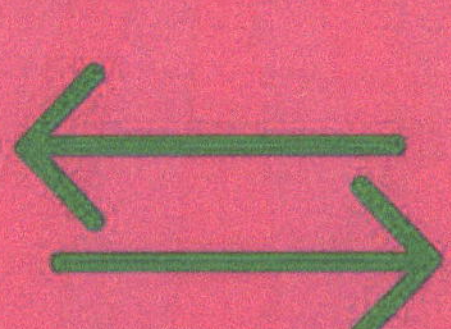 

full
เต็ม

tem

empty
ว่างเปล่า

wangplao

curly hair
ผมหยิก

phomyik

straight hair
ผมตรง

phom trong

accept
ยอมรับ

yomrap

refuse
ปฏิเสธ

patiset

identical
เหมือนกัน
mueankan

different
ต่าง
tang

dry
แห้ง
haeng

wet
เปียก
piak

toys

ของเล่น

khonglen

blocks

บล็อก

blok

ball

ลูกบอล

lukbon

robots

หุ่นยนต์

hunyon

tongue

ลิ้น

lin

nose

จมูก

chamuk

hair

ผม

phom

moustache

หนวด

nuat

fingers

นิ้ว

nio

arm

แขน

khaen

knee

เข่า

khao

elbow

ข้อศอก

khosok

smile
ยิ้ม
yim

kiss
จูบ
chup

cry
ร้องไห้
ronghai

pain
ความเจ็บปวด
khwamcheppuat

body

ร่างกาย

rangkai

back

หลัง

lang

pacifier

จุกนม

chuk nom

high chair

เก้าอี้สูง

kao-isung

soap
สบู่
sabu

toothbrush
แปรงสีฟัน
praengsifan

towel
ผ้าขนหนู
phakhonnu

potty
กระโถน
krathon

ring
แหวน

waen

bracelet
กำไลข้อมือ

kamlaikhomue

necklace
สร้อยคอ

soikho

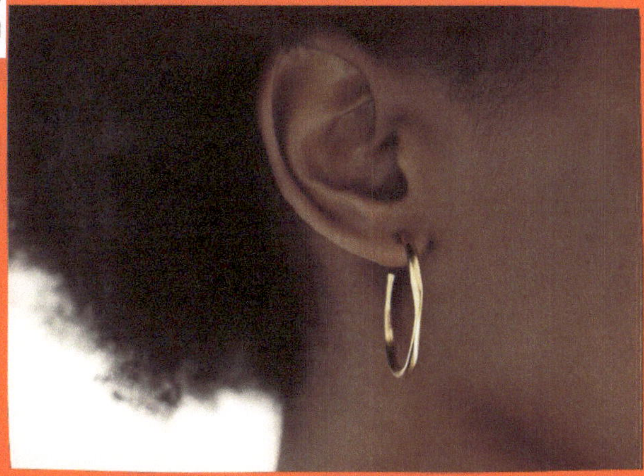

earring
ต่างหู

tanghu

chocolate
ช็อกโกแลต

chokkolaet

popcorn
ป๊อปคอร์น

pop khon

jam
แยม

yaem

toast
ขนมปังปิ้ง

khanompangping

honey
น้ำผึ้ง
namphueng

butter
เนย
noei

bread
ขนมปัง
khanompang

ice cream
ไอศกรีม
aisakrim

semolina
แป้งเซมะลี

paeng se ma li

rice
ข้าว

khao

pasta
พาสต้า

phatta

soup
ซุป

sup

milk

นม

nom

water

น้ำ

nam

juice

น้ำผลไม้

namphonlamai

kiwi

กีวี

kiwi

raspberry

ราสเบอร์รี

ra saboe ri

grapefruit

ส้มโอ

som-o

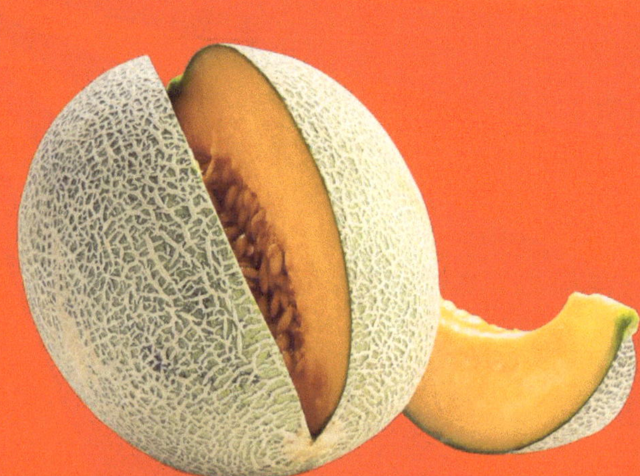

melon

เมลอน

me lon

plum
พลัม
phlam

apricot
แอปริคอท
ae pari khot

pomegranate
ทับทิม
thapthim

fig
มะเดือ
maduea

blueberry

บลูเบอร์รี

blu boe ri

cranberry

แครนเบอร์รี

khrae ri

persimmon

ลูกพลับ

luk phlap

lychee

ลิ้นจี่

linchi

fruits
ผลไม้
phonlamai

vegetables
ผัก
phak

avocado
อะโวคาโด
awokhado

green bean
ถั่วฝักยาว
thuafakyao

broccoli
บร็อคโคลี
brok kho li

eggplant
มะเขือ
makhuea

peas
ถั่ว
thua

bell pepper
พริกหวาน
phrik wan

beet

บีทรูท

bi tharut

lettuce

ผักกาด

phakkat

endive

เอนไดฟ์

en dai

artichoke

อาร์ติโชค

a ti chok

leek
กระเทียมต้น
krathiamton

onion
หัวหอม
huahom

garlic
กระเทียม
krathiam

ginger
ขิง
khing

walnuts

วอลนัท

wonnat

almond

อัลมอนด์

anmon

pistachio

ถั่วพิสตาชิโอ

thua phitsa ta chi o

cashew

เม็ดมะม่วงหิมพานต์

metmamuanghimmaphan